Theo von Taane

Tennis Witze Teil II!

Aus der Humor Reihe: „Heute schon gelacht?"

Bibliografische Information der Deutschen Nationalbibliothek:
Die Deutsche Nationalbibliothek verzeichnet diese Publikation in der Deutschen Nationalbibliografie; detaillierte bibliografische Daten sind im Internet über http://dnb.dnb.de abrufbar.

© 2015 Theo von Taane; 2. Auflage

Herstellung und Verlag: BoD – Books on Demand, Norderstedt

ISBN: 9783738654684

Tennis Witze
Teil II !

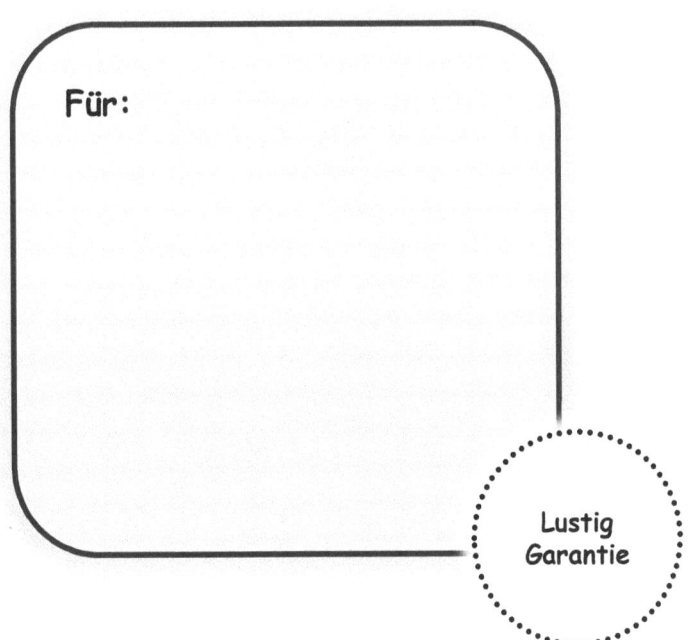

Für:

Lustig
Garantie

Nach der katastrophalen Niederlage von 0:6 0:6 schimpft der Trainer mit seinem Tennis-Star: "Wann bekomme ich mal was Ordentliches von dir zu sehen?"

„Nachher im Werbefernsehen, da stelle ich das neue Fruchtmüsli vor!"

"Stell dir vor", erzählt ein Schotte einem Bekannten, „gestern ist doch tatsächlich unser Tennisverein, den es mittlerweile seit 20 Jahren gibt, aufgelöst worden."

"Wieso das denn?", fragt der andere.

Darauf der Schotte: „Wir haben unseren Tennisball verloren."

Stefan versagt bei Susanne auf der ganzen Linie. Murmelt er zerknirscht:
„Komisch, auf dem Tennisplatz bin ich immer in Hochform."
„Gut", sagt sie, „dann versuchen wir es morgen mal dort."

Nach dem Tennisspiel fragt der völlig verschwitzte Spieler seinen Doppelpartner:
„Kommst du noch mit ins Hallenbad?", antwortet der andere:
„Ich darf leider nicht."
„Wieso das denn?", antwortet wieder der andere:
„Ich habe das letzte mal ins Becken gepinkelt und bin dabei erwischt worden.", sagt der Spieler:
„Aber das machen doch die meisten!", antwortet der Doppelpartner:
„Ja, aber nicht vom Zehnmeterbrett!"

Masseur

Darf ich vorstellen? Unser neuer Masseur. Er ist spezialisiert auf Muskelbehandlungen von Spielern , die im Spiel nicht alles gegeben haben.

Am Ende des Tennismatchs, als die Spieler vom Platz gehen, sagt einer der Spieler zum Schiedsrichter:

„Das war mal ein prima Spiel! Nur schade, dass sie es nicht gesehen haben!"

Schauplatz Endspiel Wimbledon. Fragt ein Zuschauer seinen Sitznachbarn:

„Warum rennen die eigentlich beide so dem Ball hinterher?", darauf der andere:

„Na ja, derjenige, der die meisten Punkte macht, gewinnt das Turnier.", fragt wieder der Zuschauer: „Und der andere Spieler?", antwortet wieder der Sitznachbar:

„Na, das wird natürlich nicht Wimbledonmeister.", darauf wieder der Fragesteller:

„Und warum strengen die sich dann überhaupt an und laufen noch?"

Fragt ein Reporter den Tennisspieler:

„Und, glauben sie, dass ein Hufeisen Glück bringt?", antwortet der Tennisspieler:

„Ja, aber nur, wenn man es schafft diese rechtzeitig dem Schiedsrichter an den Kopf zu werfen."

Der Tennisspieler zum Schiedsrichter:

„Wie heißt denn ihr Hund?", darauf der Schiedsrichter:

"Hund? Ich habe gar keinen…" Tennisspíeler:

„Na, das ist wirklich ein hartes Schicksal. blind zu sein, ohne Blindenhund!"

Mittelfeld

Wer hat denn diesen Tennisspieler engagiert?
Ich hatte ihm zwar gesagt er soll im Match mehr
das Mittelfeld beackern, aber doch nicht
wortwörtlich!!!

In der Pause der Trainer zum Tennisspieler:

„Ich habe gerade die Schwachstelle deines Gegners entdeckt.", fragt der Spieler:

„Welche denn?", antwortet der Trainer:

„Immer, wenn er einen Punkt gemacht hat, dreht er dir kurzzeitig den Rücken zu."

In der Satzpause fragt der Spieler den Trainer:
 „Trainer, kann ich das Match überhaupt noch gewinnen?", meint der Trainer:
 „Klar, wenn du weiterhin so wild in der Luft umherfuchtelst, bekommt der Gegner garantiert noch eine Lungenentzündung, und das ist dann deine große Chance."

Paul kommt nach dem Tennistraining mit einem schlimm aussehenden blauen Auge nach Hause, welches er sich beim Zusammenprall mit seinem Doppelpartner geholt hat. Da es wirklich übel aussieht, ruft die Frau einen Arzt, der auch gleich vorbeikommt, fragt der Arzt:

„Haben sie schon kalte Umschläge über das Auge gemacht?", darauf der Tennisspieler:

„Nein, nur dumme Witze."

Kurz vor Beginn des Tennis Davis Cups kommt noch ein Fan, völlig außer Atem, an das Kartenhäuschen und möchte noch eine Eintrittskarte kaufen.

„Sie sind zu spät. Es ist die komplette Halle bis auf den letzten Platz ausverkauft.", darauf der Fan: „Na ein Glück, dann geben sie mir den!"

Vorhersagen

Nein, ihre Weissagung kann nicht stimmen. Das Spiel am Wochenende kann nicht wegen Regen ausfallen, da wir im Winter Tennis immer nur in einer Halle spielen!!!!

Beim Mannschaftsessen der beiden Tennisteams. Fragt ein Spieler die Spieler der anderen Mannschaft:

„Und ihr seid euch sicher, dass euer Trainer etwas von Tennis versteht?", darauf ein Spieler der anderen Mannschaft:

„Aber sicher! Vor dem Tennisspiel erklärt er uns immer, wie wir gewinnen können und nach dem Spiel analysiert er immer genauestens, weshalb wir verloren haben."

Halb sechs beim Zahnarzt. Sagt der Zahnarzt zum Patienten ‚den er gerade behandelt:

„Und wenn sie jetzt bitte einmal ganz, ganz laut schreien könnten?", verdutzt fragt der Patient: „Wieso denn?", antwortet der Zahnarzt:

„Na, weil um sechs das French Open Endspiel beginnt, das ich sehen wollte und das Wartezimmer dafür heute einfach noch viel zu voll ist."

„Also unser Tennisverein hat vielleicht einen geizigen Vorstand.", sagt Peter zu einem Bekannten. Fragt der Bekannte:

„Wieso?", antwortet Peter:

„Na letztens nach dem harten Spiel gegen den Tabellenersten, das wir gewonnen hatten, kam der Vorstand zur Mannschaft in die Umkleide und rief dann: „Tolle Leistung, Jungs. Dafür habt ihr eine Erfrischung verdient. Peter steh doch mal auf und mach das Fenster weit auf'."

Der Tennisspieler wird leicht vom gegnerischen Ball getroffen. Er fliegt zwei Meter, setzt zur Landung an, rollt kurz über den Boden, hält sich seinen Arm und schreit laut auf. Meint der Schiedsrichter leise zu seinem Trainer:

„Soll ich jetzt lieber einen Arzt oder einen Theaterkritiker holen?"

Spielplan

Es ist mir ehrlich gesagt egal , ob hier ein künstlerische Aspekt zu beachten ist, aber der Trainer sollte die Spieltaktik klar darstellen können.

Der renommierte Tennisverein hat eine Neuverpflichtung:

„Sie haben hiermit ihr Engagement. Mit dieser breiten Brust passen sie ideal in unser Team."

"Interessiert es sie denn überhaupt nicht wie gut ich spielen kann?"

„Nein, wichtig ist, dass die Werbefläche groß genug ist!"

Sitzen zwei Tennisfans vor dem Fernseher und schauen sich ein Davis Cup Spiel an, sagt der eine:
„Schau dir mal die Zeitlupenaufnahmen an, einfach toll die Qualität.", sagt der andere:
„Das sind keine Zeitlupenaufnahmen, sondern lediglich der neue Mannschaftsspieler unseres Davis Cups Teams in Aktion."

Am Ende des Tennisspiels sieht der Platzordner, wie ein Junge durch ein Fenster die Halle verlässt und brüllt:
„Kannst du nicht da rausgehen, wo du reingekommen bist?", darauf der Junge: „Mach ich doch ..."

Zwei Tennisfans unterhalten sich.
„Meine Frau will sich doch tatsächlich scheiden lassen, wenn ich weiterhin jedes Wochenende zum Tennisspielen gehe.", antwortet der anderer:
„Das ist ja pure Erpressung!.", wiederum der andere:
„Ja, stimmt. Und sie wird mir sehr fehlen."

Trainer

Er ist wirklich der einzige Trainer, der mit dieser schwierigen Mannschaft fertig werden kann.

Der Mannschaftsarzt wird zum Thema Doping im Tennis gefragt:
"Doping im Tennis bringt nichts. Das Zeug muss in die Spieler!"

Ein in Schiedsrichter Montur gekleideter Mann klopft an die Himmelspforte. Es öffnet Petrus, der sich den Mann kritisch anschaut und dann fragt:
"Und, hast du je etwas Unrechtes getan?".
Darauf antwortet der Mann:
"Ja, ich habe in einem Davis Cup Match Deutschland gegen USA einen Ball Aus gegeben, der nicht im Aus war." Darauf Petrus:
"Das ist nicht so schlimm. Und wann war das?" Antwortet der Mann:
"Vor ungefähr 30 Sekunden."

Ein Tennisspieler zum anderen:
„Und was machst du wenn du nach Hause kommst?" Antwortet dieser:
„Als erstes nehme ich mir meine Frau vor."
Darauf der andere:
„Und danach?" Antwortet wieder der andere:
„Dann lege ich den Tennisschläger bei Seite."

„Unser Scheich hat eine Schwäche für sportliche Frauen. Erst letztens hat er eine Damen-Tennismannschaft geheiratet!"

Fronleistungen

Klar Peter, Schuhe putzen des Trainers gehört dazu, wenn du als Tennisspieler mal ganz groß raus kommen möchtest.

Trainer, ist dies wirklich nötig?

Ein Engel erscheint einem berühmten Tennisspieler und sagt:
„Ich habe eine gute und eine schlechte Nachricht für dich. Zuerst die gute: Du bist auserwählt, nach deinem Ableben Teil des Teams der himmlischen Tennismannschaft zu werden. Die schlechte: Deine Aufstellung ist bereits für nächstes Wochenende geplant!"

Gespräch im Jobcenter:
„Und wie viele Arbeitsstellen hatten Sie denn im letzten Jahr?„ darauf der Arbeitsuchende:
„Ich hatte vier!", Jobcentermitarbeiter:
„Aha, sie sind also Gelegenheitsarbeiter?",
darauf wieder der Arbeitsuchende:
„Nein, Tennistrainer!"

Behutsam trägt der frisch vermählte Ehemann die Braut über die Türschwelle und beobachtet, wie sie sich entkleidet und sich dann ins Bett legt. Sagt der Bräutigam: „Tja, du hast mich warten lassen, bis wir verheiratet sind, jetzt musst du warten und zwar bis die Übertragung des Wimbledon Endspiels zu Ende ist."

Der Trainer zum Tennisspieler:
„Heute spielst du gegen den ‚Bomber'".

„Ach du grüne Neune. Der knallt einem doch die Bälle direkt auf die andere Seite, sofern man sich bewegt!".

Daraufhin der Trainer:
„Ach so, na dann besteht ja keine Gefahr für dich!"

Alien beim Psychiater

Und ihr Alptraum ist also, dass sie von einer Horde Menschen verfolgt werden, welche mit Ihnen Tennis spielen möchte?

Ein Verrückter sitzt vor der Waschmaschine mit starrem Blick ins Glas.

Da kommt ein zweiter Irrer vorbei und meint:
„Und hat schon das Tennisspiel begonnen?"
Darauf der andere:
„Nein, leider noch nicht. Im Moment zeigen sie noch wie die Trikots der Spieler gewaschen werden."

Nachdem das Team wieder einmal verloren hat spricht der Trainer zu seinen Spielern:
"Vielleicht fangen wir nochmal ganz von vorne an...Also schaut her: das Runde hier ist der Tennisba.." Da unterbricht ihn ein Zwischenruf aus der hinteren Reihe:
„Trainer, kann ich das Teil noch mal sehen???"

Ein Mann sitzt in der komplett ausverkauften Halle des Tennis Davis Cup-Finales und hat neben sich einen leeren Sitz. Verwundert fragt er den Zuschauer auf der anderen Seite des leeren Platzes:

„Wissen sie, wem der leere Platz gehört?", darauf der Zuschauer:

"Nein, der Sitz ist nicht besetzt", darauf wieder der Mann:

„Aber, das ist ja unglaublich. Wer besitzt eine Karte für das Davis Cup-Finale und kommt dann nicht?", der Zuschauer antwortet:

„Na ja, den Platz hatte ich gekauft. Eigentlich wollte meine Frau mich begleiten, aber leider ist sie gerade verstorben.",

„Oh, das ist ja schrecklich zu hören. Und wollte denn keiner ihrer Verwandten oder Bekannten stattdessen mitkommen?", darauf der Zuschauer:

„Nein, die sind ja gerade alle auf der Beerdigung."

Vorspielen

Nein, Herr Müller, ihre komische Vorführung qualifiziert sie leider nicht für unsere Tennismannschaft .
Sie sollten aber mindestens noch ein Tennisball in ihre Nummer einbauen, das wäre zumindest ein Anfang.

"Angeklagte, sie bestreiten also nicht, Ihren Mann während der Tennisübertragung mit dem Ziegelstein erschlagen zu haben?", darauf die Angeklagte :

„Nein, Herr Richter.", wiederum der Richter:

„Was waren seine letzten Worte?", antwortet die Angeklagte:

„Schlag doch endlich! Schlag doch endlich, du alte Pfeife."

Voller Stolz kommt der Tennisspieler nach Hause und prahlt: „ Ich habe heute alle Punkte gemacht!",
fragt die Frau:
„Und wie ist das Match ausgegangen?", antwortet der Spieler:
„0:6 0:6"

Das Tennisspiel ist zu Ende, fragt ein Zuschauer den Schiedsrichter:
„Hätten sie mal kurz 5 Sekunden Zeit für mich?", darauf der Schiedsrichter:
„Ja natürlich.",
darauf wieder der Zuschauer:
„Okay, dann erzählen sie mir bitte alles was sie über Tennis wissen."

Ein preußischer und ein bayerischer Verein spielen Tennis zusammen. Meint einer der Spieler der preußischen Mannschaft zu einem Spieler der bayerischen Mannschaft mit dem Finger durch das große Panoramafenster auf etwas zeigend:
„Weißt du, welchen Namen dieser Berg da drüben hat?", antwortet der bayerische Spieler:
„Woas für oana?",
sagt der preußische Spieler:
„Äh, ach so, ja vielen Dank."

Schöne Performance

Was macht denn Paul da? Töpfert, anstatt zu trainieren?

Na ja, der Trainer hat ihm gesagt, dass er mal was wirklich schönes von ihm sehen will...

Drei Frauen des Tennisteams wollen sich während eines Verbandsspiels etwas die Beine vertreten und spazieren durch den Park, der direkt neben der Tennishalle liegt. Plötzlich entdecken sie einen Mann, nackt mit exponierten Mannesgerät, aber mit einer Zeitung auf dem Kopf unter einem Baum liegend. Meint die erste:

„Nanu, im ersten Moment dachte ich schon es wäre mein Mann.", antwortet die zweite: „Nein, ist er auf gar keinen Fall" Kurzes Schweigen und dann ergänzt noch die Dritte: „Es ist gar keiner aus dem Verein."

An einer Bushaltestelle steht ein Tennisspieler und wartet auf den nächsten Bus. Um sich seine Zeit zu vertreiben, übt er simulierte Volleys.

Eine ältere Frau kommt auf ihn zu, fasst ihn bei der Hand und sagt:
„Junger Mann, bleiben Sie ganz ruhig, ich zeige Ihnen, wo die Toilette ist."

In der Spielpause spricht der Tennistrainer zu seinem Doppelteam: „Also, wir liegen jetzt genau 0:6 0:5 hinten. Ich bin zwar nicht abergläubisch, aber wenn es schlecht laufen sollte, könnten wir dieses match verlieren."

Beraterzunft

Aha, und wo hast du diesen Berater für unsere Tennismannschaft noch mal her?

Peter sitzt stolz auf der Ehrentribüne zwischen vielen Prominenten und schaut sich das Tennismatch an. Dem Ordner kommt das komisch vor, dass ein Jugendlicher ohne jegliche Begleitung auf der Tribüne sitzt und fragt ihn:

„Und, woher hast du denn die Ehrenkarte?", antwortet Peter:

„Von meinem Vater.", Ordner:

„Und, wo ist dein Vater jetzt?", darauf wieder Peter:

„Zuhause und sucht die Ehrenkarte."

Peter macht gerade ein Picknick mit seiner Liebsten und voller Seligkeit sagt er:

„Ja, ich möchte wirklich mit dir immer zusammen sein – außer während der Grand Slam Turniere."

Während eines Tennisspiels sitzt der Trainer unruhig auf der Bank. Da springt er plötzlich auf und ruft dem Spieler zu: „Wie kann es sein, dass der Gegner dir seelenruhig und ungehetzt die Bälle um die Ohren knallen kann?", der Spieler ruft genervt zurück: „Trainer, der Gegner hat doch gerade Aufschlag."

Beim Topspieler des Tennis Dais Cup Teams, der vor allem bekannt für seine Schnelligkeit ist, ist eingebrochen worden. Natürlich ist er dem Einbrecher mit voll Speed gleich hinterher gerannt. Fragt einer der Polizisten: „Und haben sie ihn erwischen können?", antwortet der Ser:
„Erwischt ist gut…Ich habe ihn sogar überholt! Aber als ich mir umgedreht habe, war er weg."

Torwart

Wie? Das soll der Ersatz für Paul meinen erkrankten Doppelpartner sein?

Du wirst sehen, verglichen mit der Leistung von Paul wirst du keinen Unterschied merken.

Die beiden Doppelpartner prallen bei einem Sprint zum Ball voll zusammen und fallen gemeinsam hin. Ruft der eine:

„Hilfe, hilfe, so helft mir doch, ich kann mein rechtes Bein nicht mehr fühlen!",

darauf der andere:

„Ja kein Wunder, du kneifst ja auch die ganze Zeit in mein Bein!"

Fragt der Vereinsvorsitzende den Tennistrainer:

„Und, ist der Neue zu gebrauchen?", darauf der Trainer:

„Dem gelangen im Probetraining die unglaublichsten Sonntagsschläge.", darauf der Vorsitzende:

„Und, weshalb haben sie ihn dann weggeschickt?", antwortet der Trainer:

„Na, weil wir doch immer am Samstag spielen."

Paul und Frank sitzen an der Bar und trinken einen zusammen. Meint Paul:
„Ich war gestern im Radio.", fragt Frank:
„Das ist ja toll. Wo könnte man dich denn hören?", antwortet Paul:
„Na bei der Tennisübertragung, ich habe ganz laut ‚Super' gerufen."

Sponsorenvertrag

Der neue Sponsorenvertrag scheint Frank nicht viel einzubringen.

Peter hatte sich beim Tennisspielen das Handgelenk verstaucht. Nach ca. 3 Wochen meldet er sich wieder beim Trainer zurück.

„Und, alles wieder ok, Peter, ist das Handgelenk wieder einsatzbereit?„

„Alles bestens, Trainer!" strahlt Peter.

„Funktioniert besser als zuvor!"

„Na, das ist ja eine gute Nachricht. Was dir jetzt noch fehlt, ist eine anständige Gehirnerschütterung!"

Nach dem Tennisspiel meckert der eine Spieler: „Das war das schlechteste Spiel, was ich je gespielt habe.", darauf einer der Zuschauer:
„Ach, sie haben schon mal gespielt?"

Der Tennistrainer verärgert zu Peter:
„Also Peter, du kommst diese Woche schon zum fünften Mal so spät zum Training! Weißt du was das bedeutet?", darauf Peter:
„Das heute Freitag sein muss?"

Im Tennisspiel Peter vom Gegner andauernd übel beleidigt. Da platzt ihm der Kragen und er haut dem gegnerischen Störenfried eine runter. Der Schiedsrichter hatte offenbar etwas gesehen und läuft auf Peter zu. Vorsorglich ruft Peter ihm zu:
„Ich habe nichts getan!", der gegnerische Störenfried schreit stattdessen:
„Er hat mich geschlagen!", darauf Peter:
„Wenn du jetzt lügst, dann haut ich dir noch mal eine runter!".

Der neue Schiedsrichter

Also dieser neue Tennis Schiedsrichter...
Ich habe das Gefühl irgendwie passt er
nicht hier her...

Und, warum flog Aschenputtel immer aus dem Tennisteam? Na, weil sie andauernd vom Ball weggelaufen ist.

Ein lautes Bummern an der Himmelstür. Petrus macht auf und sieht den Teufel vor der Tür stehen, der Petrus fragt:

„Na, Petrus, wie wäre es mal mit einem Tennisspiel ‚Himmel gegen Hölle'?", Petrus antwortet lächelnd:

"Du glaubst doch wohl nicht ernsthaft, dass ihr auch nur die geringste Chance habt gegen uns zu gewinnen? Bei uns spielen die größten und besten Tennisspieler die je gelebt haben!"

Der Teufel lächelt zurück,

„Macht nichts, dafür haben wir alle Schiedsrichter!"

Nach der verheerenden Niederlage spricht der Trainer zu seiner Tennismannschaft: „Ich glaube, ihr habt da etwas missverstanden. Ich hatte euch vor dem Spiel gesagt, 'Spielt, wie Ihr noch nie gespielt habt' und nicht 'Spielt, als ob Ihr noch nie gespielt habt'!"

Kommentar des Trainers nach dem Spiel: „Meine Tennisspieler sind inzwischen viel fairer im Umgang mit den Spielern der gegnerischen Mannschaft geworden. Nach dem Spiel besuchen sie die Gegner auch mal im Krankenhaus."

Abwehrspieler

Schau dir unseren Abwehrspieler Frank an, also alle wissen dass er ein hervorragender Tennisspieler ist, aber diese Arroganz geht jetzt nur wirklich zu weit!

"Papa, weißt du, was aus einem Tennisspieler wird, wenn er nicht mehr gut sehen kann?" fragt Peter.
Darauf antwortet der Vater:
"Der wird Schiedsrichter."

Quereinsteiger als Trainer

Beim Fernsehquiz. Der Showmaster fragt den Kandidaten:

„Also, als Fachgebiet haben sie Tennis angegeben. Okay, dann beantworten sie bitte die folgende Frage:

Wie viele Maschen hat das Tennisnetz?"

"Herr Pfarrer", fragt der bekannte Tennisspieler, "ist es eine Sünde, wenn ich sonntags Tennis spiele?„

darauf antwortet der Pfarrer:

„Das nicht, aber wie Du spielst!"

Ein Tennisspieler humpelt vom Spielfeld. Mit besorgten Blick fragt ihn der Trainer:
„Hast du dich schlimm verletzt?", darauf der Spieler:
„Nein, mein Bein ist nur eingeschlafen!"

Der Tennistrainer zu seinem Spieler: „Was machst du bloß? Du kannst weder schnell nach links oder rechts laufen, deine Passierschläge sind ungenau und bei dem Versuch direkt zu punkten verfehlst du das Spielfeld permanent. Du hast dich überhaupt nicht verbessert!", darauf der Spieler:
„Doch, dafür werden meine Interviews von Tag zu Tag immer professioneller."

Tennis Superstar

Herr Meier, unter einem Tennis Superstar haben wir uns was ganz anderes vorgestellt.

Natürlich können sich auch Tennisbälle verletzten, oder hast du noch nie etwas vom Tennisverband gehört?

Ein Engländer, ein Deutscher und ein Araber stehen zusammen an einer Bar und unterhalten sich.

Sagt der Deutsche: „Ich habe 3 Söhne, noch einen und die Tennisdoppelmannschaft ist komplett.",

darauf der Engländer:
„Und ich habe 10 Söhne, mit dem nächsten kann ich dann eine Fußballmannschaft gründen!",

der Araber antwortet:
„Ich habe 17 Frauen, eine mehr und ich habe einen Golfplatz!"

Mannschaftskapitän

Peter, wen hast du denn da angeschleppt. Klar habe ich gesagt, wir brauchen eine echte Führungspersönlichkeit als neuen Mannschaftskapitän, aber nimm doch nicht immer alles so wortwörtlich!!!

„Wer schwankt hat mehr vom Weg!"
ISBN: 9783734758614

Bauchredner

Jetzt nochmal zum Mitschreiben. Ich bin nicht ihre Puppe ‚Johnny', sondern der Zuschauer den sie vorhin für einen Trick auf die Bühne gebeten haben. Bitte lassen sie mich jetzt gehen.

Ich weiß zwar nicht wie ich das mache, aber es ist das genialste was ich je geschafft habe.

Du bist ja so kalt. Iiiihhhhh!! Hil mein Mann hat sich in eine Pup verwandelt!

„Wer schwankt hat mehr vom Weg!"
ISBN: 9783734758614

Masseur

Zoo

Nein, es ist vollkommen ok, sich einen Pinguin aus dem Zoo mitzunehmen!

„Grammatik bei Meister Yoda
ich hatte!"
ISBN: 9783734758584

„Grammatik bei Meister Yoda ich hatte!"
ISBN: 9783734758584

Gott

Englischlehrer

„80% meiner Freizeit verbringe ich hilflos in Drehtüren!"
*ISBN: **9783735758125***

> <u>**Untertagewerk**</u> **– Das Leben ist hart, bisher hat es noch keiner überlebt!**

Auf dem Friedhof

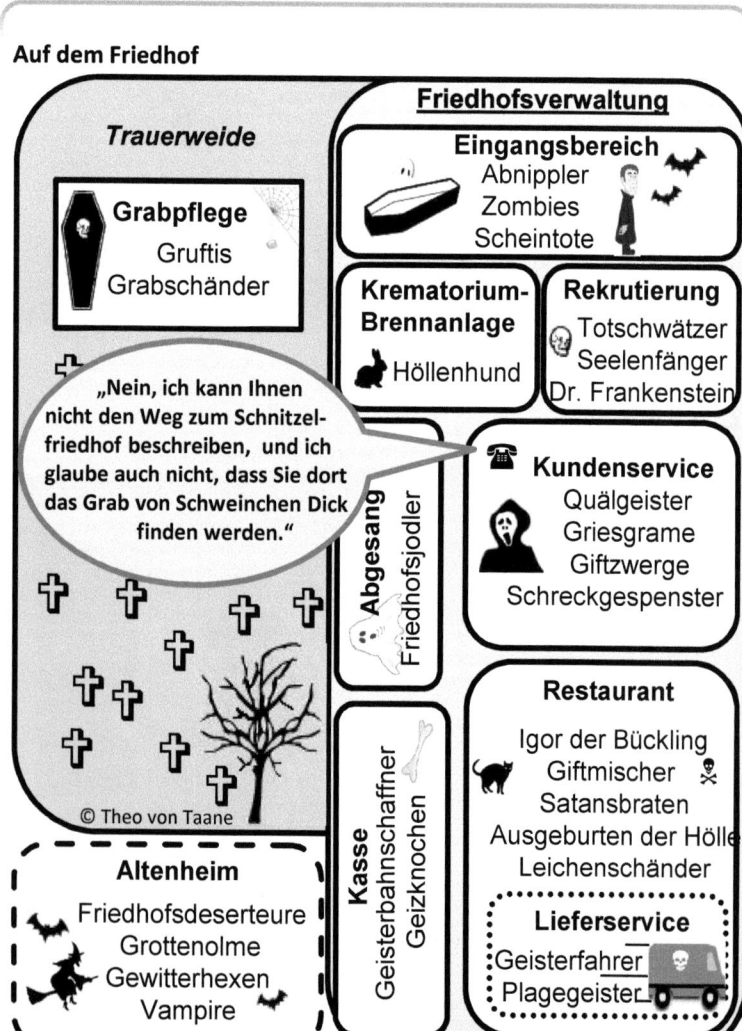

© Theo von Taane

Bücher, Spiele und Kalender von Theo von Taane

○	Mein Ziele Buch	ISBN: 9783734728570
○	Tennis Witze Knallbonbons	ISBN: 9783732296490
○	Tennis - ewiger Kalender	ISBN: 9783734741289
○	Witze rund um Volleyball	ISBN: 9783734731801
○	Witze rund um Basketball	ISBN: 9783734703824
○	Witze rund ums Schwimmen	ISBN: 9783734734460
○	Witze rund um Schach	ISBN: 9783734731658
○	Witze rund um Tischtennis	ISBN: 9783734731648
○	Witze rund um Eishockey	ISBN: 9783734730716
○	Witze rund ums Fechten	ISBN: 9783734731976
○	Witze rund um Tennis ISBN: 9783734731690	
○	Witze rund um Badminton	ISBN: 9783734732875
○	Witze rund um Karate	ISBN: 9783734731666
○	Witze rund um Judo	ISBN: 9783734731674
○	Witze rund um Golf	ISBN: 9783734731704
○	Witze rund um Tennis	ISBN: 9783734731712
○	Witze rund ums Boxen	ISBN: 9783734731720
○	„Je öfter man drückt, desto schneller kommt der Fahrstuhl!"	ISBN: 9783735785794
○	Am. Football Notiz- und Taktikblock	ISBN: 9783734747229
○	Badminton Notiz- und Taktikblock	ISBN: 9783734747953
○	Baseball Notiz- und Taktikblock	ISBN: 9783734748073
○	Basketball Notiz- und Taktikblock	ISBN: 9783734748110
○	Bowling Notiz- und Taktikblock	ISBN: 9783734748127
○	Cricket Notiz- und Taktikblock	ISBN: 9783734748134
○	Eishockey Notiz- und Taktikblock	ISBN: 9783734748387
○	Fechten Notiz- und Taktikblock	ISBN: 9783734748455
○	Feldhockey Notiz- und Taktikblock	ISBN: 9783734748844
○	Tennis Notiz- und Taktikblock	ISBN: 9783734748851
○	Futsal Notiz- und Taktikblock	ISBN: 9783734748868
○	Tennis Notiz- und Taktikblock	ISBN: 9783734748875
○	Lacrosse Damen Notiz- und Taktikblock	ISBN: 9783734748882
○	Lacrosse Herren Notiz- und Taktikblock	ISBN: 9783734748905
○	Korbball Notiz- und Taktikblock	ISBN: 9783734748936
○	Rugby Notiz- und Taktikblock	ISBN: 9783734748943
○	Schach Notiz- und Taktikblock	ISBN: 9783734748950
○	Squash Notiz- und Taktikblock	ISBN: 9783734748974
○	Tennis Notiz- und Taktikblock	ISBN: 9783734746406
○	Tischtennis Notiz- und Taktikblock	ISBN: 9783734748967
○	Volleyball Notiz- und Taktikblock	ISBN: 9783734748981
○	Wasserball Notiz- und Taktikblock	ISBN: 9783734748998

Bücher, Spiele und Kalender von Theo von Taane

- Foto & Malen & Basteln Postkarten
  Kalender zum Selbermachen   ISBN: 9783734745393
- Brettspiel: Spannende Geschenkejagd   ISBN: 9783734740466
- Brettspiel: Schnappt Ede!   ISBN: 9783734741357
- Winterzauber – ewiger Kalender   ISBN: 9783734758249
- Wüsten – ewiger Kalender   ISBN: 9783734760112
- Internet Kunstblicke – ewiger Kalender   ISBN: 9783734732089
- Gartenpracht – ewiger Kalender   ISBN: 9783734755033
- Leonardo da Vinci – ewiger Kalender   ISBN: 9783734755392
- Meeresbrandung – ewiger Kalender   ISBN: 9783734759789
- Tierbabys – ewiger Kalender   ISBN: 9783734760082
- Südseetraum – ewiger Kalender   ISBN: 9783734757891
- Wolkenwunder – ewiger Kalender   ISBN: 9783734758256
- Piraten – ewiger Kalender   ISBN: 9783734759697
- Grammatik bei Meister Yoda ich hatte!   ISBN: 9783734758584
- Wer schwankt hat mehr vom Weg   ISBN: 9783734758614

uvm…